AF237406

Ipke Wachsmuth

Im Zug fahre ich gern rückwärts

Buch

Zeit haben wir nicht unbegrenzt, denn wir leben nicht für immer. Doch haben wir mehr Zeit, als wir manchmal denken. Wem es gelingt, dass sie langsamer vergeht, der hat mehr Zeit. Gestützt auf wissenschaftliche Erkenntnisse und eigene Beobachtungen erläutert der Autor, warum wir Zeit manchmal schneller, manchmal langsamer erleben, und was wir tun können, dass sie uns nicht durch die Finger rinnt. Der Schlüssel dazu ist, dass wir die Zeit subjektiv verlängern können: den Moment, den Tag, das Jahr, die Zukunft.

Autor

Ipke Wachsmuth, geboren 1950 und von Haus aus Mathematiker und Informatiker, begann das Nachdenken über die Zeit mit seiner Doktorarbeit über sog. lokal-synchrone Zellularautomaten. Nach der Promotion und Forschungsaufenthalten in den USA und bei IBM Deutschland hat er 25 Jahre an der Universität Bielefeld gelehrt; dort war er auch sieben Jahre Direktor am Zentrum für interdisziplinäre Forschung (ZiF). Mit seiner Frau hat er drei erwachsene Kinder und lebt in Bielefeld und auf Norderney.

Ipke Wachsmuth

Im Zug fahre ich gern rückwärts

Zeit haben ist relativ

FSC
www.fsc.org
MIX
Papier aus ver-
antwortungsvollen
Quellen
Paper from
responsible sources
FSC® C105338

Das Zitat von John Lennon (original: „Life is what happens to you while you're busy making other plans") stammt aus Lennons Song *Beautiful Boy (Darling Boy)* auf dem Album *Double Fantasy* (1980 Capitol Records). Das Rezept für den Carpe Noctem Cocktail ist mit freundlicher Genehmigung von Michael Kleimann abgedruckt.

Sämtliche Abbildungen © Ipke Wachsmuth mit Ausnahme von Kap. 5: kein Urheberrecht, Kap. 9: © Daniela Voss und Kap. 13, zweites Bild: © Michael Kleimann

Umschlagfoto: © Ipke Wachsmuth

Bibliografische Information der Deutschen Nationalbibliothek:
Die Deutsche Nationalbibliothek verzeichnet diese Publikation in der Deutschen Nationalbibliografie; detaillierte bibliografische Daten sind im Internet über http://dnb.dnb.de abrufbar.

© 2020 Ipke Wachsmuth

Herstellung und Verlag: BoD – Books on Demand, Norderstedt

ISBN: 978-3-7519-3627-9

Inhalt

Leben ist das, was passiert, während du eifrig dabei bist, andere Pläne zu machen.

– John Lennon

1. Ich habe keine Zeit

Wie habe ich mich auf das Wiedersehen gefreut! Ein alter Freund, der in eine andere Stadt gezogen war, hatte sich gemeldet. Wir verabredeten uns zum Kino, danach wollten wir noch etwas trinken gehen. Ich war gespannt, wie es ihm ging. Nach dem Film sagte er jedoch: „Ich muss gleich los, habe morgen früh einen Termin." Das war es, und ich war enttäuscht.

Das hat wohl jeder schon mal erlebt: Man trifft jemanden, den man länger nicht gesehen hat, freut sich, wechselt ein paar Worte, und schon muss man weiter. Noch schnell etwas einkaufen oder was auch immer. „Lass uns mal wieder was zusammen unternehmen", schlug ich neulich bei einer solchen Begegnung vor: „Komm doch zu unserem Treffen am nächsten Dienstag, da sind auch andere, die du kennst." – „Oh, da bin ich schon verplant und schaffe es leider nicht. Bestell bitte liebe Grüße ..."

Kaum einer scheint heute noch Zeit zu haben. Termine, Termine. „Ich muss los, bin verplant, ich muss noch was arbeiten." Wie oft sagen wir das, vielleicht mit dem Gefühl, dass wir doch gern Zeit für eine Unternehmung oder wenigstens für einen

Kaffee mit jemandem hätten, der uns wichtig ist. Natürlich, manchmal hat man absolut keine Zeit. Man muss eine Straßenbahn erwischen, damit man den Zug nicht verpasst, oder eine Aufgabe erledigen, die bis morgen fertig sein soll. Es gibt viele Gründe, sich zu beeilen. Aber ist es nicht vielleicht auch so, dass wir oft nur denken, keine Zeit zu haben? Weil alle das sagen? Weil wir so beschäftigt sind und das auch mitteilen wollen? Die Zeit rinnt uns vor lauter Beschäftigung durch die Finger, doch wie gern hätten wir mehr daraus gemacht.

Was tun wir dagegen? Finden wir uns damit ab, dass uns die Zeit davon läuft? Oder gehen wir gegen den Stress an, den uns die vermeintlich zu knappe Zeit immer wieder beschert? Ich denke, viele würden etwas darum geben, wenn sie mehr Zeit hätten – für Spontanes, für Freunde, Familie und für sich selbst.

„Es gibt doch Bücher über Zeitmanagement!", sagst du jetzt vielleicht. Da wird uns zum Beispiel erklärt, wie es gelingt, Stressquellen aufzuspüren und Prioritäten zu setzen, um besser mit unserer Zeit hauszuhalten. Oder welche Rezepte hilfreich sind, um zu entschleunigen und im Alltag weniger zu hetzen. Damit klingt schon an, dass schneller nicht immer besser ist.

Was dabei aber unter den Tisch fällt: Das Zeiterleben ist subjektiv – von persönlichen Gefühlen beeinflusst. Zeit kann für uns manchmal schnell, manchmal langsam verlaufen. Wie wir die Zeit erleben, ist auch individuell verschieden. Denselben Moment, den ich langsam erlebe, erlebt jemand neben mir vielleicht kurz. Wem es gelingt, dass die Zeit langsamer vergeht, der hat mehr Zeit. Daraus folgt: Zeit haben ist relativ.

In diesem Buch möchte ich dir zeigen, wie wir unsere Zeit verlängern können: den Moment, den Tag, das Jahr, und die Zukunft. Es geht nicht um die Quantität und dass wir mehr in unserer Zeit unterbringen, sondern um die Qualität, also wie erleben wir die Zeit langsam und bewusst. Dazu müssen wir lernen, achtsam mit ihr umzugehen. Das Buch ist für dich geschrieben, wenn du nicht möchtest, dass die Zeit dir einfach so durch die Finger rinnt. Oder dass du Chancen nicht nutzt, weil du denkst, keine Zeit zu haben.

Einmal habe ich eine große Chance verpasst. Bei einer Konferenz in Chicago sprach mich ein Kollege an: „Wir chartern heute Abend ein Taxi und fahren in die Southside zur Checkerboard Lounge, bist du dabei?" Oh – Blues! Buddy Guy und wer noch alles, alle Größen des Blues hatten im Checkerboard schon gespielt! Da wollte ich immer schon hin. „Finde ich großartig und würde gern mitkommen", sagte ich, „muss aber dringend los und mich für morgen vorbereiten. Fahrt ihr noch mal?" – „Maybe." Am nächsten Tag erfuhr ich, was für ein toller Abend mir entgangen war. Vielleicht hätte ich auf der Tagung ein bisschen improvisieren sollen und stattdessen die Chance nutzen, etwas Einzigartiges zu erleben. Sie kam nicht wieder. Buddy Guy lebt und spielt immer noch in Chicago. Doch die Checkerboard Lounge gibt es nicht mehr.

2. Die Zeit rast

Zeit haben wir nicht unbegrenzt, denn wir leben nicht für immer. Doch haben wir mehr Zeit, als wir manchmal denken, wenn der Alltag stresst. „Die Zeit rast", sagte mir neulich eine Bekannte, „ich kann sie nicht aufhalten, will das aber." Sie erzählte mir, wie sie ihren beiden Töchtern Zeit schenkt, sich zum Beispiel für fünfzehn Minuten mit ihnen auf den Rasen legt und einfach nur in den Himmel schaut. Oder Papierschiffchen mit ihnen faltet, um Ruhe einkehren zu lassen.

Die Zeit aufhalten: Wer hat sich das noch nicht gewünscht? Mir ist das Ende meines Studiums noch in guter Erinnerung. Gerade hatte ich eine Prüfung erfolgreich absolviert, da stand schon die nächste vor der Tür. Für das Wiederholen und Auffrischen blieben mir nur fünf Tage. Ich bekam Panik! Immerhin ging es um den Stoff von fünf Vorlesungen. Von einem Studienfreund habe ich mir damals abgeschaut, wie er mit dem Problem umging: Auf ein Blatt Papier zeichnete ich mir für jeden Tag zwei Felder, ein Rechteck für den Vormittag und eins für den Nachmittag. In die zehn Felder schrieb ich das Lernpensum mit ein paar Stichworten hinein, hängte das Blatt vor mich an die Wand und konzentrierte mich beim Wiederholen nur auf den aktuellen Halbtag. Das half! Allein der Anblick des groß gemalten Zeitraums gab mir das Gefühl, bis zur Prüfung noch relativ viel Zeit zu haben, und die Panik war weg. Ich entspannte mich und legte los mit dem Lernen. Die Prüfung lief sehr gut, und später habe ich das Rezept noch öfter eingesetzt, um die Zeit subjektiv zu dehnen.

Vermeintlich zu knappe Zeit lässt sich also verlängern, auch wenn es in meinem Beispiel nur um ein paar Tage ging. Schwieriger ist es wohl, wenn Monate oder gar Jahre so schnell vergehen, dass man sich später fragt, wo sie geblieben sind. Oft bedauert man, wie sich in der Erinnerung die Zeit verflüchtigt. Eine solche Erfahrung hat dazu geführt, dass ich meinen Lebensstil ändern und langsamer leben wollte. (Wie das gelungen ist, davon später mehr.) Das hat mich motiviert, dieses Buch zu schreiben.

Über die Jahre habe ich versucht, achtsamer mit meiner Zeit umzugehen. Allerdings gelingt es mir nicht immer. Ein Beispiel: Bei uns im Keller muss viermal im Jahr der Wasserfilter gespült werden, um die Rückstände zu entfernen. Das erledige ich immer zum Jahreszeitenwechsel, dann muss ich es nicht extra im Kalender vormerken. Und jedes Mal wieder war da dieses Gefühl: Das habe ich doch gerade erst gemacht! Das letzte Vierteljahr hatte ich nicht auf dem Schirm. Das wurmte mich. Also habe ich etwas Neues probiert: Vor dem Spülen des Filters habe ich in meinen Kalender geschaut und mich erinnert, was ich in den vergangenen drei Monaten alles erlebt habe. Die Zeit war wieder da. So mache ich das jetzt immer.

Jedes Jahr besuche ich eine Frühjahrsschule am Möhnesee. Eine spannende Woche, in der ich viele neue Dinge lerne und auch viele interessante Menschen treffe. Für alles ist gesorgt, wir können uns auf die Kurse konzentrieren, zwischendurch am See oder im Wald spazieren, bis in die Nacht diskutieren und musizieren. Die Zeit läuft anders. „Wir haben so viel erlebt, mir kommt die Woche fast wie ein Monat vor", sagte eine Teilnehmerin. „Das liegt daran", erklärte ein anderer, „die Tage sind zwar alle gleich lang, aber verschieden breit." Intensiv erlebte Zeit fühlt sich länger an.

Doch wenn wir älter werden, dann scheinen die Jahre schneller zu vergehen. „Einszweidrei, im Sauseschritt / Läuft die Zeit; wir laufen mit", heißt es bei Wilhelm Busch. Es gibt noch viele andere Sprüche, etwa: „Zeit ist Geld" – man muss sich beeilen, um es im Leben zu etwas zu bringen. Aber ist Zeit nicht doch wertvoller als Geld? Einer unserer Söhne hat von einer Nordseeinsel einen Teller mitgebracht, auf dem steht: „Gott gab die Zeit. Von Eile hat er nichts gesagt." Das stimmt nachdenklich. Wenn wir in Eile sind, rast die Zeit noch mehr. Wir haben den Teller so angebracht, dass wir ihn immer im Blick haben.

Möchtest du auch mehr Zeit haben? Möchtest du verstehen, warum wir sie manchmal schneller, manchmal langsamer erleben? Oder wie sich zu schnell vergangene Zeit vielleicht zurückgewinnen lässt? Beim Nachdenken über diese Fragen habe ich meine persönliche Goldader gefunden, von der ich dir gerne erzählen möchte. Sie hat mein Leben verändert und könnte auch dir helfen, besser mit der Zeit umzugehen.

3. Ich war mal zwei Jahre weg

Vor mehr als drei Jahrzehnten bin ich mit meiner Familie für zwei Jahre in die USA gezogen und habe dort gearbeitet. Es war eine erlebnisreiche und intensive Zeit. Wir haben viel Interessantes gesehen, neue Bekanntschaften geschlossen und auch ein weiteres Kind bekommen. Mit Freunden und Verwandten in der Heimat blieben wir durch Briefe und Telefonate in Kontakt und wussten im Grunde recht gut, was in Deutschland passierte. Ein Kanzlerwechsel zum Beispiel. Trotzdem war es nach der Rückkehr nicht mehr so wie vorher. Zum Beispiel klang die Musik im Radio anders, die neue deutsche Welle ... In der Ferne war uns doch einiges entgangen.

Am erstaunlichsten war aber ein Effekt, der mir nicht gleich auffiel: In meiner Zeitrechnung fehlten die zwei Jahre in Deutschland! „Du hast eine schöne neue Jacke", sagte ich zu einer alten Freundin bei unserer Wiederbegegnung, und sie etwas entrüstet: „Die habe ich schon länger! Nur weil du mal zwei Jahre weg bist, musst du dir nicht einbilden, dass ich mir zwischendurch nicht mal etwas Neues zum Anziehen kaufe." Oder ich erinnerte mich an ein Erlebnis von früher und

meinte: „Das ist so ein, zwei Jahre her." Prompt
kam die Antwort: „Nein – drei, vier Jahre ist das
her!" Nachdem ich diesen Effekt beobachtet hatte,
schlug ich immer zwei Jahre drauf, dann passte
es wieder.

Aber es ist schon merkwürdig, dass meinem
Eindruck nach die Zeit zu Hause in Deutschland
während der Abwesenheit offenbar einfach stehen
geblieben ist. Erlebnisreiche Zeit im Ausland – die
Zeit am Heimatort nicht gefühlt. Damals habe ich
zum ersten Mal darüber nachgedacht, dass im
persönlichen Erleben Zeit nicht wie eine exakte
Uhr verläuft, in der sich eins ans andere reiht.

Ein Jahr später ging es für vier Wochen nach
Australien. Zwischen zwei Tagungen, die ich dort
besucht habe, bin ich mit befreundeten Kollegen
ins Northern Territory gefahren. Ich war tief be-
eindruckt vom Anblick des mächtigen Uluru und

dem fremd anmutenden nächtlichen Sternenhim-
mel mit dem Kreuz des Südens.

Nach der Rückkehr holte mich der berufliche
Alltag wieder ein. Plötzlich kam schon der Herbst
mit den dunklen Tagen. Das Jahr ging schneller
zu Ende als erwartet. Bekannte haben Ähnliches
beobachtet: War man länger von zu Hause weg,
fehlt hinterher dem Gefühl nach diese Zeitspanne
am Heimatort. Eine Freundin brachte es auf den
Punkt: „Machst du zu viele Reisen in einem Jahr,
spürst du die Zeit nicht mehr, und das Jahr geht
schneller rum, als du denkst."

4. Mal schneller, mal langsamer

Wenn wir das Ticken einer Uhr hören, fühlt es sich an, als ob auch zwischen dem Ticken die Zeit weitergeht. Aber ist es wirklich so – nimmt unser Gehirn Zeit als ununterbrochenen Strom wahr? Mit dieser Frage hat sich bereits im 19. Jahrhundert der österreichische Physiker Ernst Mach befasst (nach ihm ist die Mach-Zahl benannt – Mach 1: die Bewegung mit Schallgeschwindigkeit). Mach beschäftigte sich unter anderem mit der Sinnesphysiologie, also wie wir die Reize beim Sehen oder Hören verarbeiten. Schon damals interessierte sich die Wissenschaft dafür, wie unser Gehirn die Zeit wahrnimmt. Man dachte, dass sie irgendwie ruckartig als Abfolge von Momenten erfasst wird. Doch wie lange dauert ein solcher Moment? Ernst Mach schätzte ihn auf 30 Millisekunden; er meinte, kürzere Zeiträume könnten Menschen nicht fühlen.

30 Millisekunden – wie lang oder kurz ist das denn wohl? Eine Millisekunde ist eine tausendstel Sekunde. In eine Sekunde passen somit ungefähr 33 Portionen zu 30 Millisekunden. Oder anders ausgedrückt: Die Sekunde hätte etwa 33 einzelne Momente, in denen wir etwas wahrnehmen.

Mittlerweile hat die Forschung ergeben, dass Machs Schätzung in etwa zu stimmen scheint. Beispielsweise müssen optische Reize 20 bis 30 Millisekunden Abstand voneinander haben, damit wir sie einzeln wahrnehmen. Wenn sie schneller aufeinander folgen, dann verschwimmt unsere Wahrnehmung. Darauf beruht zum Beispiel auch die Filmtechnik: Wird eine Folge von Einzelbildern genügend schnell gezeigt, sehen wir sie nicht mehr getrennt voneinander – sie verschmelzen für uns zum Film. In der alten Kinotechnik zeigte man zuerst weniger Bilder pro Sekunde als heute, der Film ruckelte dann noch etwas, besonders bei schnellen Bewegungen.

Unser Hörsinn ist noch wesentlich sensibler. Bereits drei Millisekunden Abstand reichen aus, dass wir akustische Reize getrennt wahrnehmen können. Deshalb stört bei der Musikwiedergabe ein kurzer Aussetzer sehr viel deutlicher als im Film. Sind beim Hören die 30 Millisekunden also gar nicht von Belang? Doch, sie sind es: Damit wir die *Reihenfolge* von zwei Hörreizen feststellen können, müssen auch diese etwa 30 Millisekunden auseinander liegen.

In einem Experiment spielte man Versuchspersonen schnell nacheinander einen hohen und einen tiefen Ton vor: *piep, pup*. Lag der Abstand der Töne deutlich unter 30 Millisekunden, konnten die Versuchspersonen zwar sagen, zwei Töne gehört zu haben – doch nicht, welcher von beiden zuerst kam. Dass der hohe Ton vor dem tiefen kam, konnten sie erst feststellen, wenn die Töne mindestens 30 Millisekunden auseinander lagen. Das ist immer noch superschnell! (Für Musiker: Beim Prestissimo sind 30 Millisekunden kürzer als eine 32tel-Note.) Für das Hören des gesprochenen Wortes ist diese feine Auflösung aber ganz wichtig: Wir könnten die Anordnung der Laute bei ähnlich klingenden Wörtern wie „Hengst" und „hängts" sonst nicht unterscheiden.

Ähnliches gilt für den Tastsinn, die Fähigkeit der Wahrnehmung von Berührungen. Damit wir die Reihenfolge zweier Tastreize zuordnen können (zum Beispiel zwei schnelle Piekse am linken und am rechten Ohrläppchen – an welcher Seite kam der Pieks zuerst?), müssen diese etwa 30 bis 40 Millisekunden auseinander liegen. Ernst Machs Schätzung, wie lange ein Moment dauert, wenn unser Gehirn die Zeit als Abfolge von Momenten erfasst, war also gar nicht schlecht.

Doch die Zeit vergeht nicht für alle Lebewesen gleich schnell. Ein Forschungsteam aus Irland und Schottland hat in jüngerer Zeit mit optischen Experimenten an einer Vielzahl von Wirbeltieren entdeckt, dass die Zeitwahrnehmung vom Tempo des Stoffwechsels und der Körpergröße abhängt. Je schneller der Stoffwechsel eines Lebewesens ist, desto langsamer vergeht dessen Zeit, weil es offenbar mehr Momente in der Sekunde hat, in denen es einzelne Reize wahrnehmen kann. Uns

Menschen erscheint zum Beispiel das Licht einer mit 50-Hertz-Wechselstrom betriebenen Lampe als ein gleichmäßiges Leuchten, obwohl das Licht tatsächlich in schneller Folge an- und abschwillt, in der Sekunde fünfzig Mal. Für Hunde dagegen, deren Augen bewegungsempfindlicher sind als unsere, flimmert das Licht. Erst ab etwa 80 Hertz verschmelzen auch bei ihnen die einzelnen Reize zum durchgehenden Leuchten.

Die Sache mit dem Stoffwechseltempo ist aber auch für den Menschen von Bedeutung. Denn manchmal läuft unser Stoffwechsel durch erhöhte physiologische Aktivität beschleunigt ab, zum Beispiel, wenn wir Fieber haben. Unser Zeitgefühl verändert sich – als ob dann eine Art innere Uhr „schneller tickt" und die Zeit sich dehnt. Dann kommt uns das Warten – etwa darauf, dass ein lieber Mensch uns den Tee bringt – länger vor. Je höher das Fieber ist, desto mehr dehnt sich die Zeit. Mir erzählte ein alter Schulfreund, von Beruf Flugkapitän bei der Lufthansa, wie er einmal in Japan mit einer schweren Hepatitis bei 42 Grad Fieber im Krankenhaus festsaß. Er erlebte alles wie in Zeitlupe, die Bewegungen der Ärzte und Schwestern, ihr Sprechen, wie auch sein eigenes Denken. Er fühlte sich wie in einer Zeitblase gefangen.

Auch Emotionen beeinflussen die Dauer des Erlebens. Wenn wir aufgeregt sind, läuft der Stoffwechsel schneller ab. Wir nehmen alles intensiver wahr, weil durch die Erregung unsere innere Uhr schneller tickt und wir die Zeit langsamer erleben. Ich werde nie vergessen, wie ich einmal in frischer Verliebtheit die Gegenwart und besonders meinen Körper intensiv spürte: „Ich bin so körperlich, ich fühle, wie mir beim Laufen der Stoff meiner Hose an den Beinen entlang streicht", sagte ich damals zu meiner Begleiterin. Die Zeit schien stillzustehen, ich war nur im Hier und Jetzt.

Ebenso haben auch negative Emotionen wie Wut und Zorn Einfluss auf das Zeiterleben. Nach einem Wortwechsel im Streit, bei dem man sich so richtig aufgeregt hat, staunt man hinterher nicht schlecht, in welch kurzer Zeit das passiert ist, was einem nun für längere Zeit die Stimmung vermiest.

Aber unsere innere Uhr kann auch langsamer ticken. Wenn mich etwas fesselt, etwa wenn ich ein spannendes Buch lese, Gitarre spiele oder einen Text schreibe, achte ich nicht mehr auf das Hier und Jetzt. Dann verliert sich das Zeitgefühl – die Psychologen sprechen von Fluss-Erleben oder „Flow". Plötzlich ist eine Stunde vergangen, ohne dass ich es überhaupt merke. Kommt aber unsere Katze *Sunny* herein und fordert mich zum Spielen auf (wie jetzt, während ich diese Zeilen schreibe), bin ich aus dem Flow gerissen und spüre wieder die Zeit und das Jetzt.

5. Wie lange dauert das Jetzt?

Wie lange dauert eigentlich das „Jetzt"? Hast du darüber schon mal nachgedacht? Eine schwierige Frage – meinen wir doch, die Zeit läuft immer weiter und das Jetzt ist schon Vergangenheit, wenn wir überhaupt nur einmal „jetzt" gesagt haben. Spontan denken wir vielleicht, es hängt damit zusammen, was wir gerade erleben (etwa wenn wir diesen Satz lesen). Lässt sich die Dauer des Jetzt eventuell sogar messen?

Tatsächlich hat sich die Forschung mit dieser Frage schon länger beschäftigt. Den Aufbruch wagte in Deutschland 1966 ein noch ganz junger Wissenschaftler, Ernst Pöppel. Sein Studium der Psychologie und Biologie an der Freiburger Albert-Ludwigs-Universität hatte er gerade hinter sich und arbeitete nun am Max-Planck-Institut im bayerischen Andechs und Seewiesen. Wie der im vorigen Kapitel erwähnte Physiker Ernst Mach wollte Pöppel verstehen, wie unser Gehirn die Zeit verarbeitet. Besonders die Wahrnehmung der Gegenwart interessierte ihn – das „Jetzt". In einem Experiment konfrontierte er Versuchspersonen mit verschieden langen Tönen oder Lichtsignalen. Deren Aufgabe bestand darin, die empfundene

Dauer der Signale mit einem Tastendruck zu wiederholen. Mit der Stoppuhr hielt man die Zeiten fest, um zu ermitteln, wie gut die Versuchspersonen die Zeit abschätzen konnten. Es zeigte sich, dass Signale über drei Sekunden Dauer deutlich schlechter geschätzt wurden als Zeiten bis zu drei Sekunden. Hieraus schloss Pöppel, dass unser

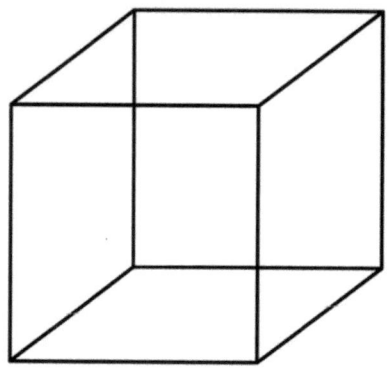

Gehirn nur Zeitspannen bis zu drei Sekunden auf einmal erfassen kann und dass dieses Drei-Sekunden-Fenster die Grundlage unseres „Jetztgefühls" bildet. Später hat er mit seinen Kollegen an der Ludwig-Maximilians-Universität München in weiteren Experimenten belegen können, dass das gefühlte Jetzt etwa zwei bis drei Sekunden dauert.

Um das an einem Beispiel nachzuvollziehen, betrachte hier das Schrägbild eines Würfels, eine sogenannte Kippfigur, aber möglichst im Ganzen, also bitte nicht nur auf eine Ecke schauen: Einmal erscheint das linke Quadrat als Vorderseite des Würfels und das rechte Quadrat als seine Hinterseite, dann kippt das Bild um, und nun wird das linke Quadrat zur Hinter- und das rechte zur Vorderseite. Siehst du das? Und schon kippt es wieder zurück – und immer so weiter. Das ist der sogenannte Necker-Würfel. Nicht weil das Bild uns „neckt" heißt der Würfel so, sondern er ist nach dem Schweizer Geologen Louis Albert Necker benannt, dem schon um das Jahr 1832 der Effekt auffiel, als er Kristalle zeichnen wollte.

Jetzt versuche, den Würfel möglichst lange nur in einer Ausrichtung zu sehen, zum Beispiel von links unten nach rechts hinten. Das wird einem kaum länger als drei Sekunden gelingen, dann kippt das Bild wieder, manchmal schon nach zwei Sekunden – ich habe es selbst mehrere Male probiert und mit einer Stoppuhr gemessen. Oder es kippt ganz kurz hin und gleich wieder zurück.

Einen ähnlichen Effekt findet man auch beim Sprechen. Wenn wir unsere Gedanken in Worte fassen, fällt auf, dass wir – und zwar unabhängig vom Satzbau – unbewusst etwa alle zwei bis drei Sekunden eine kurze Pause machen, bevor wir weitersprechen. Bei manchen Rednern hört man diesen Einschnitt besonders deutlich. Achte mal darauf.

Ernst Pöppel hat es treffend so formuliert: Für unser Gehirn beginnt immer spätestens nach drei Sekunden ein neues Jetzt. – Nun glaube aber nicht, dass du das im Alltag überhaupt bemerkst. Das Jetzt ist uns normalerweise nicht bewusst, und wir spüren seine Dauer nicht.

6. Können wir Zeit beeinflussen?

Können wir selbst etwas dafür tun, dass wir die Zeit langsamer erleben? Würde uns zum Beispiel das Jetzt länger erscheinen, wenn es uns gelänge, darin mehr einzelne Momente wahrzunehmen? Dazu müsste unsere innere Uhr schneller ticken.

Zunächst stellt sich die Frage, ob unser Gehirn über eine „echte" innere Uhr verfügt, die für die Wahrnehmung von Zeit maßgeblich ist. Zwar gibt es in der Hirnforschung viele Erkenntnisse zur Zeitwahrnehmung, doch hat man spezielle Nervenzellen, die exakt wie eine Uhr funktionieren, bisher nicht gefunden. Dennoch bringt es unser Gehirn offenbar zustande, dass wir ein Zeitgefühl haben. Überdies scheint unsere innere Uhr eine subjektive Sache zu sein, mal tickt sie schneller, mal langsamer. Wenn sie schneller tickt, nehmen wir in einer Zeitspanne mehr Einzelheiten wahr, dadurch dehnt sich die Zeit.

Im Badehaus besuche ich gerne die Salzgrotte, ein abgeschiedenes Becken mit einem Salzgehalt wie im Toten Meer. Dort schwebt mein Körper ohne Zutun im hautwarmen Wasser, nur Mund und Nase schauen noch heraus. Ich fühle mich schwerelos und lasse einfach los. Wenn ich die

Grotte für mich habe und niemand stört, bin ich mit meinen Gedanken und Empfindungen bei mir, spüre meinen Körper und meinen Atem. Die Zeit verlangsamt sich. Einatmen ... ausatmen ... Pause ... Jedes Mal ein neues Jetzt.

Tatsächlich deutet die Forschung darauf hin, dass das Zeiterleben mit der Körperwahrnehmung eng verbunden ist. Das zeigt beispielsweise ein Experiment, das der deutsche Psychologe Marc Wittmann mit seinen Kollegen an der University of California in San Diego durchgeführt hat; es ging wieder um die Wahrnehmung von Zeitdauern mehrerer Sekunden. Dabei stellte sich heraus, dass eine bestimmte Hirnregion (die sogenannte Inselrinde) dann besonders aktiv ist, die auch für das Wahrnehmen von Körpergefühlen wichtig ist. Es besteht also ein Zusammenhang von Zeit- und Körperempfinden. Darin könnte eine Art innere Uhr wurzeln.

Wie schon gesagt, lösen Emotionen körperliche Reaktionen aus, die unsere innere Uhr schneller ticken lassen (zum Beispiel auch dann, wenn uns beim Küssen das Herz höher schlägt). Doch schon allein, wenn wir uns selbst mehr Aufmerksamkeit schenken, nehmen wir unseren Körper intensiver wahr – wie im Wasser der Salzgrotte, wenn ich auf meinen Atem achte und im Hier und Jetzt bin.

Wenn unsere innere Uhr subjektiv ist – und nicht objektiv wie eine exakte Uhr –, lässt sie sich möglicherweise willentlich beeinflussen. Aber wie stellen wir es an, dass die Zeit langsamer vergeht und wir gefühlt mehr von ihr haben?

Einige eigene Beobachtungen sollen andeuten, wie man das tun könnte. Auf dem Weg zur Arbeit fahre ich gerne mal eine andere Strecke. Ich bin aufmerksamer für das, was ich unterwegs sehe. Meine innere Uhr tickt anders. Die zehn Minuten Fahrt fühlen sich länger an als sonst jeden Tag. Oder ich rieche den Duft eines neuen Shampoos. Die Wahrnehmung des Aromas steigert mein körperliches Empfinden. Ich halte inne und spüre, dass ich da bin. Die Zeit vergeht langsamer. Oder wenn ich bei einem Musikstück genau aufpasse und erstmals einen Klang höre, der mir zuvor entgangen war, erhöht sich meine Aufmerksamkeit für das Hier und Jetzt.

In jungen Jahren habe ich einmal erlebt, wie mein Gehör unter dem Einfluss von chemischen Substanzen so geschärft war, dass ich das kurze Echo der Musik von der Wand neben mir bewusst wahrnahm (es lief das Album *Then Play On* der Rockband Fleetwood Mac). Am nächsten Tag habe ich es noch mal „ohne" probiert, und als ich ganz genau hinhörte, nahm ich das Echo wieder wahr. Zum ersten Mal habe ich damals beobachtet, wie die Zeit sich dehnt.

Doch auch längere Zeiträume wie Monate oder Jahre sind vom subjektiven Erleben geprägt. Wer ein Leben führt, in dem eine Woche der anderen gleicht, dem werden im Rückblick auch die Jahre schnell vergangen sein: „Schon wieder ein Jahr vorbei, wo ist bloß die Zeit geblieben?" Dass sich ein Jahr lang anfühlt, liegt an dem Besonderen, an das wir uns erinnern. Wenn das Jahr für uns eine Perlenschnur an Erlebnissen hatte – Reisen, neue Bekanntschaften, Besuche, Feste, Konzerte – also Dinge, die man nicht so schnell vergisst, wird es uns relativ lang erscheinen.

Dass wir selbst beeinflussen können, wie lange sich ein zurückliegender Zeitraum anfühlt, belegt eine von Ferdinand Kosak und seinen Kollegen an der Universität Regensburg 2019 veröffentlichte psychologische Studie. In dieser ging es darum, wie schnell eine Zeitspanne von fünf Jahren dem Gefühl nach vergangen war. Die eine Gruppe der Studienteilnehmer wurde aufgefordert, sich zuerst mindestens vier Erlebnisse aus den letzten fünf Jahren in Erinnerung zu rufen: Sie beurteilte die Zeit als langsamer vergangen als die Teilnehmer der anderen Gruppe, die sich nicht vorher ihre Erlebnisse vor Augen geführt hatten. Bewusstes Erinnern bewirkt, dass uns die vergangene Zeit länger vorkommt.

Zeit haben ist also tatsächlich relativ. Mehr noch, wir können Einfluss darauf nehmen: Im Jetzt verlängert sich die Zeit, wenn wir auf unsere körperlichen Empfindungen achten, denn sie sind wie gesagt mit dem Zeiterleben eng verbunden. Für zurückliegende größere Zeiträume sind es die Erinnerungen an besondere Erlebnisse, die uns die Zeit länger erscheinen lässt. Doch wir müssen sie uns bewusst machen.

Aber Vorsicht: Ein Zuviel an Erlebtem kann auch nachteilig sein. Damit wir uns später noch an alles erinnern können, sind zwischendurch Ruhephasen wichtig, sonst ist unser Gedächtnis nicht in der Lage, die Erinnerungen dauerhaft zu speichern. „Ich war so unter Strom mit den vielen Unternehmungen", sagte einmal eine Freundin, „dass ich nicht mehr weiß, was im letzten Monat alles passiert ist." Weniger Eindrücke verarbeiten zu müssen, kann ein Mehr für die gefühlte Dauer eines Jahres bedeuten. So haben meine Frau und ich einen geplanten Urlaub ausfallen lassen, weil wir in dem Jahr schon drei wunderbare Reisen gemacht hatten. Es hat uns an nichts gefehlt.

7. Im Zug fahre ich gern rückwärts

Ich fahre gerne Zug. Eine Zugfahrt ist für mich eine angenehme Lebenszeit. Ich lese ein Buch, schaue aus dem Fenster, lasse meine Gedanken schweifen und entspanne mich. Es bringt mir Ruhe. Mag das Wetter zu Hause mal schlecht gewesen sein – der Zug führt durch wechselnde Gegenden, und früher oder später sehe ich wieder die Sonne.

Im Zug sitze ich auch gern rückwärts, mit dem Rücken gegen die Fahrtrichtung. Nicht weil es im Fall einer harten Bremsung vielleicht sicherer ist, sondern weil ich es dann anders erlebe, wenn ich aus dem Fenster schaue. Ich kann lange auf die vorbeiziehende Landschaft zurückblicken und die Augen auf den Ansichten ruhen lassen, die sich mir bieten und sich nach und nach entfernen. Umgekehrt, in Fahrtrichtung, entdecke ich wohl auch interessante Dinge, doch kommen sie immer schneller auf mich zu und – husch – schon sind sie vorbei. So möchte ich das in meinem Leben nicht! Ich möchte nicht, dass es durch zu viele Eindrücke, die auf mich einstürmen, immer mehr beschleunigt wird, sondern dass das hinter mir Liegende langsam und ruhig zurückbleibt.

Wenn ich dann rückwärts aus dem Zugfenster schaue und mir die Aussicht nicht gerade durch vorbeihuschende Bäume und Büsche verstellt ist, kommt mir vieles in den Blick, worauf ich meine Augen verweilen lassen kann. Ein Vogelschwarm im Flug ... die Schafe auf dem Deich ... ein alter Bauernhof ... und dann ein kleiner Hain ... auf dem Kanal ein Boot ... ein Haus mit schiefem Dach ... zwei Bahnarbeiter am Gleis ... ein gelbes Stoppelfeld ...

Eine meiner frühesten Kindheitserinnerungen ist das Bild eines Stoppelfeldes mit Kornhocken. Über dem Sofa, auf dem ich damals schlief, hing es in dem einzigen Zimmer, das meinen Eltern nach dem Krieg zugeteilt war. Als wir später die ganze Wohnung für uns hatten, blieben das Bild und das Sofa, und ich durfte dort wieder liegen, wenn ich mal krank war. Eines Tages entdeckte ich draußen auf den abgeernteten Feldern solche Kornhocken. In der Sonne sahen sie golden aus.

Als ich älter war, erzählte mein Vater mir vom Krieg. Oft hatte er nichts zu essen. Einmal hat er ein Stück von seinem Ledergürtel verzehrt, damit er wenigstens etwas im Magen hatte und ihn der Hunger weniger plagte. Am Gürtel fiel es gar nicht auf – der war längst enger geschnallt, weil mein Vater so dünn geworden war. Er brachte mir bei, ein Stück Brot lange zu kauen, mindestens vierzig Mal, dann wirkt es sättigender. „Fletchern nannte man das", erklärte er mir, weil ein Amerikaner namens Fletcher so dazu anleitete, mit kargem Essen auszukommen. Noch heute nehme ich auf eine Zugfahrt gerne ein Stück trocken Brot mit, das ich bedächtig kaue; dabei denke ich an meine Eltern und daran, wie gut es uns im Vergleich zu ihnen heute geht. Oft denke ich auch an die Zeit, die gegenwärtige und die vergangene, und an die Zukunft, die noch vor mir liegt. Was sie bringen wird, ist ungewiss. Als ob ich mit dem Rücken gegen die Fahrtrichtung meines Lebens sitze und nicht sehen kann, was auf mich zukommt.

Mein chilenischer Kollege Rafael Núñez, Professor an der University of California in San Diego, hat vor einer Reihe von Jahren bei den Aymara gelebt, ein indigenes Volk hoch oben in den südamerikanischen Anden. Er wollte erforschen, was die Aymara unter Zeit verstehen. Als ich einen Vortrag von ihm hörte, war ich fasziniert davon, dass die Zeitvorstellung der Aymara gespiegelt ist zu der bei uns üblichen. In den Filmaufnahmen, die Núñez von den Stammesmitgliedern zeigte, konnte man das an ihren Gesten erkennen: So deuteten sie in die Richtung vor sich, wenn sie von früheren Ereignissen berichteten – sie sahen offenbar das Vergangene vor ihrem inneren Auge. Doch wenn sie von der Zukunft sprachen, zeigten sie mit dem Daumen oder einem Armwinken über ihre Schulter zurück. Für die Aymara liegt die Zukunft hinter ihrem Rücken und ist daher noch nicht sichtbar.

Aber die Aymara sind nicht allein damit, auch im Hebräischen ist die Zeitvorstellung umgekehrt zu der bei uns: Das hebräische Wort für Zukunft *(acharit)* steht dafür, was hinter dem Rücken liegt – was wir noch nicht sehen können –, und das Wort für Vergangenheit *(lifne)* bedeutet „vor dem Antlitz" – das, worauf wir schauen können.

Mir gefallen diese Vorstellungen nicht schlecht. Der Blick auf die vergangene Zeit ist mir kostbar. Wenn ich innehalte und darüber nachsinne, bin ich mir selbst nahe.

Und die vor mir liegende Zeit? Zugegeben, in unserer heutigen Welt geht es nicht ohne Planen, wir müssen uns auf das Kommende einstellen. Manchmal muss man die Vergangenheit auch hinter sich lassen und nach vorne schauen, zum Beispiel, wenn man Schweres erlebt hat. Doch könnte ich alles voraussehen, was die Zukunft bringt, wäre mein Leben weniger spannend.

8. Post von Frederik

Wenn ihr Ipkes Kapitel über Zug fahren gelesen habt: Das ist alles Quatsch!!! Glaubt ihr wirklich, was er da schreibt? Übrigens, ich bin Frederik. Ich sitze gar nicht gerne gegen die Fahrtrichtung, weil ich dann Bauchschmerzen kriege. Ich denke immer: Wann bin ich endlich da? Wenn ich da bin, kann ich so schöne Sachen machen, und im Zug, da gibt es nichts, womit ich mich beschäftigen kann. Zug fahren ist für mich keine angenehme Lebenszeit, ich empfinde es als schreckliches Warten! Wenn ich raus schaue, dann kommt mir die Zeit so lange vor und ich kriege noch mehr Bauchschmerzen. Ich finde es überhaupt nicht wundervoll, die Dinge so lange betrachten zu müssen. ICH FINDE ZUG FAHREN EINFACH S-C-H-R-E-C-K-L-I-C-H!!!!!!!!!!!!! Kleiner Tipp für Ipke: Langweile dich, dann kommt dir die Zeit länger vor. – Entschuldigung, ich habe Reiseübelkeit.

Mein Kapitel über das Zugfahren hatte ich bei einem Besuch meiner Enkel vorgelesen. Ich wollte wissen, ob das alles schon ganz junge Menschen interessiert. Bald danach kam, völlig unerwartet, dieser Brief von Enkel Frederik an. Zuerst war ich erschrocken. Schließlich sah ich aber ein, dass meine Sicht der Dinge nur eine von vielen ist. Andere Menschen empfinden vielleicht ganz anders als man selbst. Wie die Post von Frederik zeigt. Er schreibt: „Langweile dich, dann kommt dir die Zeit länger vor." Wenn man sich nicht mit etwas beschäftigen kann, wird einem die Weile lang. Besonders einem Kind.

Ein Kind lernt die Zeit erst nach und nach zu verstehen. Was ist der Unterschied zwischen „damals" und „neulich", wann war vorgestern und wann ist übermorgen, wann ist gleich und wann bald. „Sind wir bald da?", fragten früher unsere Kinder, kaum dass wir das erste Stück des Weges gefahren waren. Zur Ablenkung spielten wir dann gerne „Ich sehe was, was du nicht siehst", und schon verging die Zeit schneller. Einmal hat eines der Kinder gefragt: „Warum hat man eigentlich Langeweile?" Beinahe hätte ich gesagt: „Ich weiß es auch nicht." Jedoch hatte ich gerade vorher auf einer Konferenz gehört, dass jemand, der sich ab und zu langweilt, bei bestimmten Aufgaben besser abschneidet als jemand, der immer nur zielstrebig ist. Und so antwortete ich: „Ich weiß es auch nicht, aber es muss für etwas gut sein."

Warten und Langeweile sind nicht unbedingt schlecht. Doch wie das Warten, zumal bei Reiseübelkeit, auch mir einmal unangenehm geworden ist, erfährst du im nächsten Kapitel.

9. Wenn das Warten zu lang wird

„Time goes by so slowly for those who wait", heißt es in einem Song der US-amerikanischen Pop-Sängerin Madonna. Die Zeit vergeht so langsam, wenn man auf etwas wartet. Ein ersehnter Anruf, aber das Telefon will einfach nicht klingeln. Oder an der Kasse im Supermarkt: Den Kunden, die ihr Kleingeld zusammensuchen, kommt die Zeit nicht so lange vor wie denen, die hinter ihnen warten. Oder die Schlange beim Einchecken am Flughafen ...

Apropos Flughafen: Ist dir schon aufgefallen, dass man dort oft lange unterwegs ist, bis man endlich zur Gepäckausgabe kommt? Das ist ein psychologischer Trick, mit dem uns die Wartezeit subjektiv, also dem Gefühl nach verkürzt werden soll. Die Idee stammt aus Amerika: Im George Bush Flughafen (bei Houston im US-Bundesstaat Texas) kam es immer wieder zu Beschwerden, wie lange man an den Gepäckbändern, die früher nahe bei der Ankunftshalle lagen, auf die Koffer warten muss. Das brachte die Flughafenbetreiber darauf, die Gepäckausgabe ans andere Ende des Gebäudes zu verlegen. Danach beschwerte sich keiner mehr! Wenn wir mit etwas beschäftigt sind, und sei es mit dem Laufen durch ein ödes Flughafengebäude, erscheint die Wartezeit kürzer.

Eine Grundschullehrerin erzählte mir, wie sie bereits ihren Erstklässlern verdeutlicht, dass man die Zeit unterschiedlich empfinden kann. Zuerst müssen sie für zwei Minuten still sein, doch bald fangen sie an zu kichern, weil es so lange dauert. Dann dürfen die Schüler etwas spielen, und wenn sie nach zwei Minuten unterbricht, meutern die Kinder: „Wir haben doch gerade erst angefangen."

Erwachsenen geht es nicht besser: Wartet man auf das Verstreichen einer Zeitspanne, kommt einem die Zeit lang vor – beim Spielen verfliegt sie nur so. Wie sich das Warten anfühlt, scheint den Unterschied auszumachen. In der Forschung hat man das näher untersucht, und tatsächlich ließ sich nachweisen, dass die Zeit schneller vergeht, wenn man beschäftigt ist. Woran liegt das? Die Forscher erklären es so: Wenn wir in unser Tun versunken sind, lenkt das die Aufmerksamkeit davon ab, die vergehende Zeit zu spüren.

Im Sommer erzählte mir auf Norderney eine Urlauberin: „Heute sind mir die fünf Stunden am Strand wie im Flug vergangen. Fünf Stunden im Büro dagegen, die mal ruhig sind, weil wenig zu tun ist, dauern gefühlte acht Stunden. Die Zeit vergeht dann nicht und ich warte, dass endlich Feierabend ist. Beide Male sind es fünf Stunden: Hat es etwas mit dem Erleben schöner Dinge zu tun, dass am Strand die Zeit verfliegt?"

Ja, so ist das wohl – ein und dieselbe Person kann eine Zeitspanne je nach der Situation unterschiedlich lang empfinden. Es kann aber auch sein, dass zwei verschiedene Personen dieselbe Zeitspanne ganz anders empfinden: Auf der Fähre von Norderney ans Festland hatte ich gerade das Frühstück bestellt, als sich eine mir gut bekannte Insulanerin zu mir setzte. Sie sagte: „Die fünfzig Minuten Überfahrt werden mir immer so lang, ich warte nur darauf, dass ich endlich ankomme." Ich selbst schaue auf das Meer und genieße diese Zeit jedes Mal sehr.

Zuweilen kann das Warten aber auch zur Qual werden. Besonders wenn man gar nicht weiß, wie lange es dauern wird. Das kenne ich aus ganz persönlicher Erfahrung. Bei einem Urlaub in Irland wollten wir von Doolin mit dem Boot nach Inisheer übersetzen, einer kleinen Insel in der Galway-Bucht, die östlichste der drei Aran-Inseln.

Zu dritt gingen wir an Bord der „Rose of Aran",
mit gemischten Gefühlen, denn die See war sehr
unruhig. Ich wollte noch unter Deck die Toilette
aufsuchen. Das nahm einige Zeit in Anspruch,
weil dort gerade mit dem Wasserschlauch die
Toilettenkabinen gereinigt wurden, bei näherem
Hinsehen von Erbrochenem von der letzten Überfahrt. Kaum war ich fertig, legte das Boot schon
ab und tanzte sofort in den hohen Wellen auf und
nieder. Ich erreichte den Aufgang zum Deck nicht
mehr, klammerte mich eben noch an die Stangen
neben einer Bank. Gegenüber hielten sich andere
Passagiere Tüten vor den Mund. Auch mir wurde
schrecklich übel. Würde ich das überstehen? Wie
lange würde die Überfahrt überhaupt dauern?
Eine Stunde, oder zwei? Einen halben Tag?

Meine Seekrankheit wurde immer schlimmer
und das Warten zur Qual – seitdem weiß ich ganz
genau, was „sterbensübel" bedeutet. Die Zeit kam
mir endlos vor.

Irgendwann waren wir am Ziel. Ich schleppte
mich zum Ausgang. „Du bist ja ganz grün im
Gesicht", riefen meine Begleiterinnen, die an Deck
durchgehalten hatten. Ich schaffte es gerade noch
bis an die Kaimauer. (Die etwas unappetitlichen
Einzelheiten lasse ich hier weg.)

Ich brauchte dann einen heißen Tee, Gemüse-
suppe und schließlich ein gutes Guinness, um
den Inselaufenthalt doch noch ein bisschen zu
genießen und die Rückfahrt einigermaßen gefasst

anzutreten – an Deck, mit Blick auf den Horizont. Meine Frau sagte hinterher, die Überfahrt nach Inisheer habe eine Dreiviertelstunde gedauert. Für mich eine Ewigkeit.

In einer solchen Extremsituation gibt es wohl kaum eine Chance, sich abzulenken, wenn das Warten zu lang wird. Auch wer im Gefängnis sitzt und auf die Entlassung wartet, dem wird die Zeit im eintönigen Tagesablauf wohl quälend langsam vergehen.

Doch Warten muss nicht immer unangenehm sein. „Man kann sich doch auch ausruhen, wenn man wartet", sagte mir eine Bekannte, „mal eine Pause von der Hektik des Alltags." Ich selbst habe immer ein spannendes Buch dabei und fange an zu lesen. Oft komme ich auch mit einem anderen Menschen ins Gespräch. Mit Ablenkung vergeht die Zeit schneller. Aber selten ist mir das Warten so lang geworden wie bei meiner Seekrankheit in Irland.

10. Die vor uns liegende Zeit

Die Zeit im Gymnasium kam uns Schülern lang und ausgedehnt vor. Bei Eintritt in die Oberstufe kündigte unser Lehrer etwas kryptisch an: „Und in drei Jahren kommt schon das A..." Das Abitur meinte er damit. Das bescherte uns ein leichtes Schaudern, denn uns kamen die drei vor uns liegenden Jahre so lang und das Abitur noch so fern vor. Wenn ich zurückdenke, was ich damals außer Schule alles erlebt habe – zum ersten Mal so richtig verliebt, Schüleraustausch mit London, Üben und Auftreten mit der Folkband und vieles mehr – ich kann kaum glauben, dass es nur drei Jahre gewesen sein sollen.

Je länger wir leben, desto kürzer erscheinen uns die Jahre. „Im Alter läuft die Zeit schneller", wird oft gesagt. Aber warum ist das wohl so? Mit zunehmendem Alter sind wir abgeklärter, haben vieles schon gesehen, es ist seltener, dass etwas Erlebtes wirklich ganz neu ist, vieles ist Routine. Es kommt uns so vor, als ob das Leben schneller vergeht – so wie uns ein Weg, den wir regelmäßig fahren, kürzer erscheint. Die Zeit läuft uns davon, obwohl objektiv eine Woche, ein Monat, ein Jahr nicht kürzer ist als in der Jugend.

Kann man dagegen etwas tun? Auch im Älter-werden wollen wir noch eine intensive, sich lang anfühlende Zeit erleben. Was vergangen ist, lässt sich nicht mehr ändern. Beeinflussen können wir aber die vor uns liegende Zeit – die Zukunft. Für die Aymara ist sie offen und ungewiss. Wenn ich aber den Kalender voll mit Terminen habe, erwarten mich kaum noch Überraschungen.

Vor einer Reihe von Jahren war ich mit der Leitung eines Forschungsinstituts betraut – eine spannende und zugleich anstrengende Aufgabe. Plötzlich waren sieben Jahre vergangen und ich entdeckte die ersten grauen Haare an mir. Sieben Jahre waren es? Es hatte sich angefühlt wie drei! Ich war fassungslos, wie schnell die Zeit verflogen war. „Die hole ich mir zurück!" – das war mein erster Gedanke. Zurückdrehen lässt sich die Zeit nicht, doch wollte ich in Zukunft langsamer und bewusster leben. Damals beschloss ich, meinen Lebensstil zu ändern und einen Ausgleich für die schnell vergangenen Jahre zu schaffen.

Es ist mir tatsächlich gelungen! Das Rezept ist im Grunde ganz einfach: Wenn ich keine Termine habe, vergeht die Zeit subjektiv langsamer.

„Wie soll das aber gehen?", fragst du mich jetzt wahrscheinlich, „ich stehe mitten im Arbeitsleben, ich muss Aufgaben erfüllen, planen und an vielen Besprechungen teilnehmen." – „Ja, so war es bei mir auch", entgegne ich dir, „aber zwischendurch wollte ich dem Stress mal entkommen."

Wie ich das angestellt habe? Weg aus dem alltäglichen Umfeld! Es gelang mir, mich alle zwei Wochen von Donnerstagmittag bis Montagmittag freizumachen und auf einer Nordseeinsel zu sein. Meine Arbeit hatte ich auf dem Notebook dabei, und bald stellte ich fest, dass ich sie zu einem guten Teil am Abend erledigen konnte, wenn ich den Tag in der Natur verbrachte. Ich bin am Meer entlang spaziert oder durch die Dünen geradelt. Ohne Termine und ohne etwas zu planen. Nur mit mir und meinen Gedanken allein. Als ich einmal auf meine Uhr schaute, ob es Zeit für einen Fünf-Uhr-Tee ist, da war es erst ... halb drei! Ich habe auch nicht jeden Tag das Gleiche gemacht. Wenn ich morgens aus dem Haus ging, schaute ich meist kurz beim Nachbarn vorbei. „Was hast du heute so vor?", fragte er dann. Und ich: „Du weißt doch, *no plan*". Mit meinem Fahrrad bog ich an der nächsten Kreuzung irgendwohin ab. Wohin es mich gerade lockte.

Auf der Insel läuft für mich die Zeit anders. Vier Tage fühlen sich an wie eine ganze Woche. So gelingt es mir, Zeit zurückzugewinnen: Den Ausgleich für die zu schnell vergangene schaffe ich durch langsam erlebte Zeit.

Mein Rezept für dich lautet aber nicht „Ab auf die Insel!" – sondern: „Schaffe dir offene, unverplante Zeit." In der du nicht fremdbestimmt bist, in der du mit dir und deinen Gedanken allein sein kannst. Du findest vielleicht deinen eigenen Weg, dem Alltag zu entkommen, und wenn es nur ein Tag in der Woche ist. Ich plane möglichst wenig und entscheide spontan, was ich unternehme. Die Zeit, die vor mir liegt, dehnt sich, wenn ich sie nicht durch Termine zerstückele. Denn sonst plane ich von einem Termin auf den nächsten und spüre das Dazwischen nicht. Wie sagte einst John Lennon? „Leben ist das, was passiert, während du eifrig dabei bist, andere Pläne zu machen." Die Zeit wird länger, wenn wir sie nicht zu sehr verplanen. Wer sich weniger vornimmt, der hat mehr freie Zeit.

Am nächsten Sonnabend bin ich zu einer Party eingeladen. Ich werde Leute treffen, die ich lange nicht gesehen habe. Darauf freue ich mich sehr. Die Woche bis dahin geht sicher schnell vorbei. Oder fahre ich vorher doch noch für ein paar Tage auf die Insel? Die Zeit wird sich länger anfühlen. Also fahre ich! Im Zug bin ich erwartungsvoll gespannt – nicht nur auf die nächsten Tage, sondern auch darauf, was die vor mir liegende Zeit noch bringen wird. Ich bin sicher, sie wird nicht wie im Flug vergehen.

11. Wenn das Handy Zeit stiehlt

Das Mobiltelefon ist heute für viele nicht mehr wegzudenken. Es ist praktisch, immer erreichbar zu sein, mit unserem Smartphone Nachrichten zu senden, Fotos und Filme zu tauschen oder Treffen zu organisieren. Zuweilen ist es aber auch lästig. „Heute früh hatte ich schon 36 WhatsApps", sagte mir eine Bekannte, „keine davon wirklich wichtig. Ich sollte das Ding weglegen und mir nicht immer die Zeit stehlen lassen." So verzichten manche Menschen bewusst aufs Handy oder lassen es zu Hause, wenn sie ausgehen. Sie wollen eben nicht ständig erreichbar sein und einfach mehr Zeit und Ruhe haben.

Meine erste Begegnung mit einem Handy hatte ich 1986. Damals war ich mit meiner Frau und zwei Freunden zum ersten Mal in Venedig. Es war beeindruckend, die alten Häuser, die Kanäle oder die Rialtobrücke mit den eigenen Augen zu sehen, selbst wenn wir alles von Bildern schon kannten. Eine ganz neue Erfahrung war es jedoch, als uns ein Mann entgegen kam, der laut mit jemandem auf Italienisch sprach. Aber mit wem? Wir konnten niemanden entdecken. Dann bemerkte ich an seinem Ohr eine Art Telefonhörer, ohne Kabel.

„Der telefoniert, glaube ich", sagte ich zu meinen Begleitern, „muss irgendwie über Funk gehen." Wir fanden es merkwürdig, dass jemand mitten auf der Straße ohne sichtbares Gegenüber redete. Doch schon bald wurde das Telefonieren in der Öffentlichkeit eine alltägliche Erfahrung. Seitdem macht es mir auch nichts mehr aus, wenn ich im Supermarkt vor mich hin murmele, um mich an meine Einkaufsliste zu erinnern.

Ein paar Jahre später saß ich in Paris allein an der Hotelbar, um nach einem erlebnisreichen Tag noch etwas zu trinken. An einem der Tische sah ich eine junge Frau, die aus dem Fenster schaute, während ihr Begleiter längere Zeit mit dem Handy telefonierte. Sie wirkte nicht gerade glücklich. „Lieber allein, als gemeinsam einsam" – an diesen alten Song von Mario Hené musste ich denken, nahm noch einen Schluck und freute mich über den ruhigen Abend. Bei anderer Gelegenheit sah ich in einem Restaurant sogar Paare, die jeder für sich mit dem Handy telefonierten, während sie ab und zu an ihren Getränken nippten.

Heute sind Menschen, die im Lokal mit ihrem Smartphone beschäftigt sind, während sie mit anderen am Tisch sitzen, ein alltäglicher Anblick. Sie denken vielleicht nicht, dass es das soziale Miteinander stören könnte. „Smartphones sind bloß dazu erfunden worden, dass sie uns ständig ablenken", sagte dazu meine Bekannte – ablenken von etwas, das möglicherweise kostbarer ist, das

Gespräch mit den Freunden, oder ein besonderer Moment. Zum Beispiel der Sonnenuntergang am Meer. Ich gebe zu, dass ich auch schon mal an Freunde gesimst habe: „Hier ist gerade ein toller Sonnenuntergang!" Da wurde mir bewusst, dass ich mehr auf das Handy-Display achtete als auf die Natur, und ich war nicht glücklich darüber.

Die ARD/ZDF-Onlinestudie 2017 hat gezeigt, dass mobile Geräte, vor allem das Smartphone, gerade unterwegs intensiv genutzt werden – in der Bahn oder im Bus, im Café oder Restaurant oder beim Warten. Im Durchschnitt betrug im Jahr 2017 die Onlinenutzung dreieinhalb Stunden am Tag – bei den unter 30-Jährigen noch deutlich mehr.

Dass es bei mir nicht so weit kam, danke ich einem Kollegen. Als Informatiker begeistere ich mich durchaus für die neueste Technik. So kaufte ich mir in den 1990er-Jahren als einer der ersten einen PDA („Personal Digital Assistant"), einen kleinen tragbaren Computer. Mit dem ließ sich zwar noch nicht telefonieren oder online gehen, aber e-mailen, faxen oder Termine verwalten und vieles mehr, das konnte er schon. Ist das prima, dachte ich, und hatte mein Gerät immer dabei.

Als ich meinem Kollegen enthusiastisch davon erzählte, fragte er bloß: „Und wie viel Zeit am Tag verbringst du damit?" Ich überprüfte das: Mehr als zwei Stunden waren es! Zu viel, fand ich – so viel Zeit wollte ich mir doch nicht stehlen lassen.

Daraufhin habe ich meinen Alltagskram anders organisiert und bin meinem Kollegen noch heute dankbar, dass er mich zum Nachdenken gebracht hat.

Aber wie sehen das andere heute mit ihren Smartphones – Freunde, Bekannte oder meine Kinder? „Smartphones sind dafür da, dass man ständig konsumieren kann." – „Wenn ich es zur Hand nehme, um etwas im Internet nachzusehen, werde ich oft durch etwas abgelenkt, das auf dem Handy gerade reinkommt, und vergesse dann den ursprünglichen Anlass." – „Ich schaue alle paar Minuten, ob es was Neues gibt, es ist eine Gier." – „Mein Kollege hat das Display auf schwarz-weiß umgestellt. Er meint, dass unser Belohnungszentrum im Gehirn dann weniger angestachelt wird als durch das tolle Farbdisplay, und man wird nicht so gefangen genommen."

Gefangen genommen! Es ist viel darüber gesagt worden, wie das Smartphone einen Menschen derart fesseln kann, dass er alles andere vergisst. Die Folgen beklagt nicht nur der Psychiater und Neurowissenschaftler Manfred Spitzer – selbst der Papst hat die Ordensfrauen davor gewarnt, ihre Zeit mit den sozialen Medien zu verschwenden, und die jungen Menschen davor, es zuzulassen, „dass der Lichtglanz der Jugend in der Dunkelheit eines geschlossenen Raums erlischt, in dem das einzige Fenster zur Welt Computer und Smartphone sind." Doch vielleicht ist es gar nicht das Smartphone selbst, das uns derart gefangen nimmt, sondern vielmehr unsere natürliche Neigung zur sozialen Interaktion. Das vermuten zumindest die Autoren einer 2018 veröffentlichten Studie, die an der kanadischen McGill University durchgeführt wurde, und die zugleich den Erfolg der sozialen Medien wie Facebook oder WhatsApp erklären könnte.

Aber woher kommt diese Neigung? Die Überlegungen des Medienphilosophen Vilém Flusser, dem ich noch kurz vor seinem tragischen Unfalltod 1991 bei einem Kongress in Essen begegnet bin, könnten helfen, eine Antwort darauf zu geben. Er sagte ungefähr so: Im Alltag stehen wir in der Regel nur mit etwa acht Personen in direkter Verbindung. Mit den digitalen Medien – er nannte es „Telematik" – ist es uns möglich, um den ganzen Erdball herum präsent und mit einer Vielzahl anderer Menschen in Kontakt zu sein.

„Das heißt", sagte er weiter, „die Gegenwart wird vergrößert, alles ist gegenwärtig, und ich bin überall gegenwärtig. [...] Ich bin ganz anders da, wenn ich im Stande bin, bewusst und freiwillig Bindungen zu mir einst ferngestandenen und jetzt nähergerückten Menschen einzugehen."

Doch Flusser, der als ein Vordenker des Internets gilt, hat diese Entwicklung nicht nur positiv gesehen. Sein wohl ironisch gemeinter Satz „Man liebt sechs Milliarden Menschen", mit dem er kurz darauf fortfuhr, stimmt nachdenklich.

Es mag sich gut anfühlen und vielleicht neue Perspektiven eröffnen, durch die digitalen Medien so viele Menschen (selbst wenn es nur ein paar Hundert sind) kennenzulernen und sich mit ihnen auszutauschen. Ein Bekannter von mir freut sich riesig darüber, dass er über WhatsApp einen alten Freund in Australien aufgespürt und wieder Kontakt zu ihm hat. Mit dem Smartphone lässt sich auch vieles nebenbei erledigen, das spart oft Zeit. Aber was tun wir, wenn es zu viel wird, wenn wir so mit Reizen überflutet sind, dass wir uns darin verlieren? Wenn du glaubst, dass dir dein Handy mehr Zeit stiehlt, als es dir lieb ist, mache dir bewusst, in welchen Situationen das so ist. Wir haben es selbst in der Hand, wie wir damit umgehen.

12. Zeit für Achtsamkeit

„Wir verleben eine schöne Zeit", liest man manchmal, wenn jemand aus dem Urlaub schreibt. Das Wort „verleben" habe ich nie gemocht. Es klingt für mich nach Zeit verbrauchen. „Erleben" gefällt mir besser.

Für meine Frau und mich war das Reisen immer eine Freude, und das ist es auch heute noch. Gemeinsam etwas erleben, jeden Tag etwas Neues entdecken – Städte, Landschaften, die Toskana, das Meer. Aber irgendwann merkte ich, dass mir das Jeden-Tag-etwas-Neues für eine entspannte Urlaubszeit zu viel wurde. Ab und zu wollte ich es langsam angehen lassen. Die Zeit und das Dasein spüren. Einfach nur „sein". Seither haben wir eine wunderbare Übereinkunft getroffen: Den einen Tag etwas unternehmen und neue Eindrücke sammeln, den nächsten Tag ausruhen. An einem ruhigen Ort lesen und den Wellen lauschen, ein Picknick am Strand. Von Achtsamkeit hatte ich damals noch nichts gehört. Heute ist das Wort in aller Munde.

Achtsamkeit ist eine besondere Form der Aufmerksamkeit für das, was wir im Moment erleben. Es geht darum, die Umgebung und uns selbst bewusst und unmittelbar wahrzunehmen. Ohne zu werten, ob es gut oder schlecht ist, sondern einfach wie es ist. Ohne daran zu denken, was gestern war oder morgen sein könnte, sondern nur spüren, was im Moment ist. Was wir sehen, hören oder riechen. Wie wir atmen. Ein solches Einlassen auf die Gegenwart lässt sich üben: „Bei der so genannten Achtsamkeitsmeditation beispielsweise", schreibt der Freiburger Psychologe Marc Wittmann, „soll man sich über den Atem ganz auf das Hier (die Körperpräsenz) und das Jetzt (die zeitliche Präsenz) konzentrieren. Dabei verlangsamt sich das Erleben des subjektiven Zeitverlaufs."

Wer achtsam ist, nimmt die Gegenwart anders wahr. Das Anhalten und Verweilen kann Glücksmomente bescheren. Wenn ich die Wellen in der Sonne glitzern sehe und die Farben des Himmels wahrnehme, oder bei Sturm das Meer tosen höre, den Wind auf der Haut spüre und das Salz auf meinen Lippen schmecke, läuft die Zeit langsam.

Achtsamkeit bedeutet, sich Zeit zu nehmen und auf sich selbst zu achten. Aber das ist im Alltag nicht leicht. Was kann uns dabei helfen? Die einen mögen meditieren, andere lassen sich vielleicht durch etwas Spezielles daran erinnern. Ein Freund von mir, dessen Partnerin ein Faible für Schnirkelschnecken hat, erzählte mir, dass sie manchmal schlecht drauf ist, wenn ihr der Alltag das Leben schwer macht. „Doch wenn sie dann

eine Schnirkelschnecke sieht, ist sie gleich wieder im Hier und Jetzt", sagte er, „die Anwesenheit der Schnecken ist für sie etwas ganz Besonderes. Es befreit sie von den Gedanken, die Missstimmung verursachen. Sie sieht und fühlt, was ist."

Mir hilft meine „Achtsamkeits-Feder". Ich lege mir eine schöne Vogelfeder so hin, dass ich sie sehe, wenn ich morgens aus dem Bad komme. Sie erinnert mich daran, meine Aufmerksamkeit auf den Moment zu richten. (Da unser Kätzchen die Feder schon wieder zerzaust hat, brauche ich mal eine neue.) Momente der Achtsamkeit finde ich zum Beispiel auch, wenn ich am Abend den Duft meines Single Malt Whiskys wahrnehme – an dem ich mindestens so viele Sekunden rieche, wie er Jahre gebraucht hat, im Fass zu reifen. Und dann vorsichtig daran nippe – ganz langsam, als hätte ich alle Zeit der Welt.

Ich achte auf mein Körpergefühl, wenn ich barfuß laufe oder in der Sonne liege. Wenn es mir möglich ist, schaue ich mehrmals am Tag auf das Wasser, es sieht jedes Mal anders aus. Ich achte auf meine Empfindungen, wenn ich Musik höre. Heute Morgen kam der Song *Sweet Dreams* des britischen Pop-Duos Eurythmics im Radio und hat mich völlig in den Bann gezogen. Ich habe die Zeitung zur Seite gelegt und mich nur auf die Musik konzentriert. Auf jeden Klang gelauscht. Und war ganz im Hier und Jetzt. Erlebte – nicht verlebte – Zeit.

Wenn du andere Vorlieben hast, finde deine eigenen Momente der Achtsamkeit. Spüre, was du dabei empfindest. Oder achte auf die Zeit selbst: Wie fühlt sie sich an, verrinnt sie gerade schnell oder langsam?

13. Carpe diem – carpe noctem

In einem Glückskeks, diesem knusprigen Gebäck, wie man es nach dem Essen im China-Restaurant mit auf den Weg bekommt, fand ich einmal den Spruch: „Du kannst kein langes Leben erwarten, wenn du es behandelst als würde es ewig währen." Wir leben nicht für immer.

Mir fällt eine Debatte ein, die wir vor einigen Jahren im Seminar an der Uni hatten. Irgendwie waren wir auf das Thema der Unsterblichkeit gekommen. Ich dachte, kaum jemand fände es gut, unsterblich zu sein, doch zu meinem Erstaunen wollte das mehr als die Hälfte der etwa zwanzig Anwesenden. Nach einigem Hin und Her kamen wir schließlich auf einen interessanten Punkt, nämlich die Frage nach den Konsequenzen der Unsterblichkeit. Was nachdenklich stimmte, war die Vorstellung, dass die Zeit keine Bedeutung mehr hätte. Warum etwas heute tun, wenn man es auch morgen oder irgendwann tun könnte? Gerade weil wir nicht für immer leben, ist unsere Zeit kostbar.

In der Jugend denkt man nicht daran, dass die Lebenszeit endlich ist. Alles liegt noch vor einem. Weshalb sollte sich ein junger Mensch Gedanken darum machen, dass die Zeit kostbar ist? So ging es auch Stephen Hawking, dem weltberühmten britischen Astrophysiker, den man in den Medien oft schwerbehindert im Rollstuhl sehen konnte. Sein Studium in Oxford hatte er noch auf die leichte Schulter genommen. Mit 21 Jahren, kaum dass er in Cambridge seine Doktorarbeit begonnen hatte, erfuhr er, dass er an einer unheilbaren Krankheit leide und nur noch kurze Zeit zu leben habe. Das rüttelte ihn auf und er nahm sich vor, die ihm verbleibende Zeit nach Kräften zu nutzen. Er war – keiner hätte es erwartet – 76 Jahre alt, als er 2018 nach einem langen Leben verstarb.

Als ich selbst noch ein junger Mensch war, bin ich in einer Klinik in Göttingen zwei unheilbar kranken Krebspatienten begegnet. Ich dachte, sie müssten sehr unglücklich sein, dass es mit ihrem Leben bald zu Ende gehen würde. Das Gegenteil war der Fall! Beide berichteten mir, dass sie angesichts ihrer Prognose ihr Leben geändert hätten und bewusst jeden einzelnen Tag genossen. Sie wollten sich nicht mehr mit Kleinkram verzetteln, sondern für ihre Familie und Freunde und für sich selbst da sein.

Doch warum sollten wir die Einsicht, dass Zeit etwas Kostbares ist, aufschieben, bis es vielleicht zu spät ist? Wenn du nicht möchtest, dass dir die Zeit durch die Finger rinnt, solltest du *jetzt* die Konsequenzen ziehen – ob du 40, 50, 60 Jahre alt oder noch älter bist. Wir leben nicht für immer, deshalb sollten wir überlegen, wie wir mit unserer Zeit umgehen, am besten jeden einzelnen Tag. Carpe diem!

„Carpe diem" ist lateinisch und bedeutet wörtlich „Pflücke den Tag". Der im Deutschen abgewandelt als „Nutze den Tag" bekannte Spruch geht auf ein schon um 23 v. Chr. entstandenes Gedicht des römischen Dichters Horaz zurück. Es fordert uns dazu auf, dass wir uns der knappen Lebenszeit heute erfreuen und nicht erst morgen. Entsprechend bedeutet der lateinische Spruch „Carpe noctem" pflücke die (oder erfreue dich der) Nacht. Wird es einmal spät, weil wir mit unseren Freunden lange zusammen geblieben sind, kann das eine unwiederbringlich wertvolle Zeit sein. „So jung kommen wir nicht wieder zusammen", heißt es in Theodor Fontanes Romanklassiker *Irrungen, Wirrungen*.

Zu Beginn habe ich von meiner „Goldader" gesprochen, die mein Leben verändert hat und auch deins verändern könnte, wenn du nicht möchtest, dass dir die Zeit davon läuft. Goldsucher träumen von dem großen Goldfund, wir aber sind auf der Suche nach mehr Zeit. Ein Lebensstil, der unsere Zeit langsamer vergehen lässt, wäre in der Tat ein wertvoller Fund. Der Schlüssel dazu ist – das wollte ich dir zeigen –, dass wir die Zeit subjektiv verlängern können, wenn wir achtsam mit ihr umgehen: Das „Jetzt" nicht einfach verstreichen lassen, sondern ab und zu innehalten, um dem

Alltag zu entkommen. Die Zeit im Jetzt ist länger, wenn wir bewusst wahrnehmen, was in uns und um uns ist.

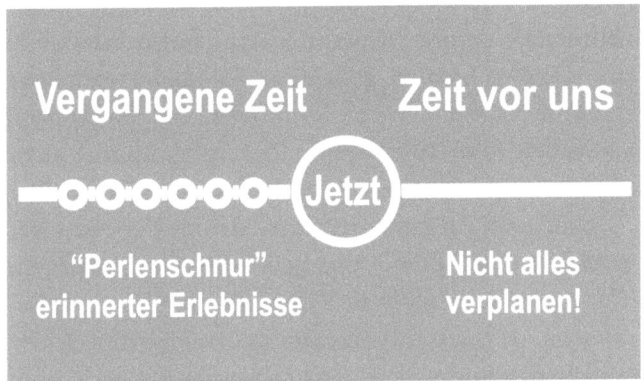

Die vergangene Zeit fühlt sich länger an, wenn es viele Ereignisse gab, an die wir uns erinnern können – wie eine Schnur von Perlen. Ist die Zeit schnell vergangen, mache dir Erlebnisse aus den zurückliegenden Jahren bewusst, dann verlängert sie sich. Hattest du wenig Abwechslung im Leben, achte in Zukunft darauf, „Perlen" zu sammeln. Nicht alles verplanen! Die Zeit, die vor uns liegt, läuft langsamer, wenn sie offen ist – ohne viele Termine, die uns kein Dazwischen spüren lassen. Schon ein Tag in der Woche, an dem wir frei sind, schenkt uns mehr Zeit. Und wer mehr Zeit für sich hat, hat auch mehr Zeit für andere.

„Aber im Alter brauche ich für alles länger, was mir früher schnell von der Hand ging, wie soll ich da mehr Zeit haben?", fragte mich neulich mein Freund Klaas, der mir ein paar Jahre voraus ist. „Das geht mir auch so", entgegnete ich ihm, „ich überlege, wie ich es schaffe, mir weniger vorzunehmen. Weniger ist mehr." Klaas hat mittlerweile eine schöne Lösung gefunden: Er kocht jetzt öfter zusammen mit seinem Nachbarn. Sie teilen sich die Arbeit, das spart ihnen Zeit, und Spaß haben sie auch noch dabei.

Während ich dies schreibe, strömt der Duft der gelben Azaleen durch das geöffnete Fenster herein und vermischt sich mit dem Aroma meines Espressos, den ich aus der der grün-goldenen Tasse trinke, die mich mein halbes Leben begleitet hat. Im Radio läuft *Now's the Time* von Charlie Parker, dem US-amerikanischen Alt-Saxophonisten, der in den 1940er-Jahren mit einem neuen Jazzstil Geschichte geschrieben hat. „Now's the Time" – warum nicht damit das Buch beenden? Unsere Zeit ist *jetzt* und nicht irgendwann. Jetzt kannst du dich entscheiden, ob du deinen Lebensstil ändern willst. Du hast keine Zeit? Du hast Zeit! Zeit haben ist relativ. Es liegt in deiner Hand, wie du mit ihr umgehst, ob am Tag oder in der Nacht. Carpe diem! Carpe noctem!

* * *

Zugabe: Rezept für einen Carpe Noctem Cocktail

Ein preisgekrönter Cocktail des Norderneyer Gastronomen Michael Kleimann, Landesmeister der niedersächsischen Cocktailmeisterschaft 2007

2cl Licor 43, 2cl Waldmeistersirup, 1cl Calvados, 1cl Maracujanektar, 1cl Sahne. Shaken, abseihen und ohne Eis in einer Cocktailschale servieren. Mit Apfelscheiben dekorieren.

(Lecker. Achtsam genießen.)

Epilog und Dank

Jetzt ist das Buch zu Ende und vielleicht hättest du gerne noch weitergelesen. Ich wollte aber ein kurzes Buch schreiben, damit man nicht stecken bleibt und den Schluss verpasst.

Wer mehr über die Zeit wissen will: Es gibt viele Bücher dazu, in denen sich auch nachlesen lässt, was schon die Philosophen der Römerzeit darüber zu sagen wussten. Zum Beispiel Seneca, der von der Kürze des Lebens schrieb und davor warnte, mit unserem kostbarsten Besitz, der Zeit, unachtsam umzugehen. Oder der Kirchenvater Augustinus, der bereits erkannte, dass zwischen der physikalisch exakten und der subjektiven, erlebnisbezogenen Zeit zu unterscheiden ist. Dies entnimmt man beispielsweise Rüdiger Safranskis Buch über Zeit, das auch Überlegungen aufgreift, die sich etwa Friedrich Nietzsche, Albert Einstein oder Hannah Arendt dazu gemacht haben. Sein Buch erläutert zudem, wie sich die biologischen Rhythmen unseres Körpers mit der Außenwelt synchronisieren müssen, damit wir nicht aus dem Takt geraten, und wie die beschleunigte Arbeitswelt unsere Gesundheit zu belasten droht.

Mein Buch ist anders: Es bringt wissenschaftliche Erkenntnisse mit meinen eigenen Beobachtungen über das Zeiterleben zusammen. Dabei habe ich mir Mühe gegeben, möglichst einfach zu schreiben. Wissenschaft nur in vorsichtiger Dosierung. Meine persönlichen Erlebnisse und Erfahrungen sollen nachvollziehbar machen, wie ich zu meinen Einsichten gelangt bin. Ich hoffe, dass sie auch anderen helfen, mehr Zeit zu haben.

Dass ich dieses Buch geschrieben habe, verdanke ich Meli aus Oldenburg, die mich an einem Abend in Sonjas Kneipe auf Norderney davon überzeugt hat, dass es mindestens für sie ganz wichtig ist. Sonja danke ich dafür, dass sie eine erste Lesung für mich organisiert hat, bei der mir speziell die Kommentare von Ralph Christians wichtig waren. Für das Probelesen einzelner Kapitel und viele hilfreiche Anregungen geht mein Dank an Heike Pahl, Lothar Henkenjohann, Heide Lammering, Anna Strasser, Hendrik Buschmeier, Daniela Voss und Ingmarie Wachsmuth. Für Impulse oder Hinweise auf interessante Quellen danke ich Achim Kottmann, Rudolf Fischer, Günther Görz, Benno Strauch, meinem Bruder Stefan und nicht zuletzt meinem Enkel Frederik, dass ich seinen Brief (bei dem ihm seine Schwester Linda etwas mitgeholfen hat) in mein Buch aufnehmen durfte. Mein besonderer Dank geht an Katharina Krämer für ihr kritisches und ermutigendes Feedback, das mein Schreiben von Anfang bis Ende begleitet hat.

Ipke Wachsmuth
Bielefeld, Anfang Mai 2020

Quellen

Internetquellen zuletzt abgerufen am 24.04.2020

Busch, Wilhelm: Julchen (Tobias Knopp. Dritter Teil). Wilhelm Busch-Album. München: Fr. Bassermann 1924

Carpe diem: https://wortwuchs.net/carpe-diem

Carpe noctem: https://wortwuchs.net/carpe-noctem

Checkerboard Lounge (Blues-Club in Chicago) https://en.wikipedia.org/wiki/Checkerboard_Lounge

Die schräge Meldung: Der Papst hat Ordensfrauen davor gewarnt, ihre Zeit mit sozialen Medien zu vergeuden. Neue Westfälische, 18. Mai 2018

Flusser, Vilém: Die Informationsgesellschaft als Regenwurm. In Gert Kaiser, Dirk Matejovski, Jutta Fedrowitz (Hg.), Kultur und Technik im 21. Jahrhundert. Frankfurt a. M.: Campus 1991 (Zitate: S. 77f)

Flusser, Vilém: Die Informationsgesellschaft – Phantom oder Realität? Vortrag am Kongress CULTEC, Kultur und Technik im 21. Jahrhundert, Essen, 23. November 1991

Fontane, Theodor: Irrungen, Wirrungen. Ditzingen: Reclam (Universal-Bibliothek Band 18741)

Gelhard, Dorothee: "Mit dem Gesicht nach vorne gewandt": Erzählte Tradition in der deutsch-jüdischen Literatur. Wiesbaden: Harrassowitz 2008

Hartmann, Corinna: Phänomene der Warteschlange. Spektrum der Wissenschaft, 26. März 2018, 57-63

Hawking, Stephen: Eine wunderbare Zeit zu leben. Reinbek: Rowohlt 2017

Healy, Kevin, Luke McNally, Graeme D. Ruxton, Natalie Cooper und Andrew L. Jackson: Metabolic rate and body size are linked with perception of temporal information. Animal Behaviour 86 (2013) 685-696

Kippfigur: https://de.wikipedia.org/wiki/Kippfigur

Kosak, Ferdinand, Christof Kuhbandner und Sven Hilbert: Time passes too fast? Then recall the past! – Evidence for a reminiscence heuristic in passage of time judgments. Acta Psychologica (2019) 193: 197-202

Koch, Wolfgang und Beate Frees: ARD/ZDF-Onlinestudie 2017: Neun von zehn Deutschen online. Media Perspektiven 9/2017, 434-446

Lux, Rüdiger: Befiehl du deine Wege. In Ulla Fix (Hg.): 'In Traurigkeit mein Lachen ... in Einsamkeit mein Sprachgesell', Beiträge der Paul-Gerhardt-Gesellschaft, Bd. 03, 165-170. Berlin: Frank & Timme 2008

Núñez, Rafael: When the future is behind you: Embodied spatial construals of time in Aymara. Vortrag am Zentrum für interdisziplinäre Forschung (ZiF) der Universität Bielefeld, 14. Januar 2005

Núñez, Rafael E., Eve Sweetser: With the future behind them: Convergent evidence from Aymara language and gesture in the crosslinguistic comparison of spatial construals of time. Cognitive Science 30 (2006) 401-450

Nussbaum, Cordula: Organisieren Sie noch oder leben Sie schon? Zeitmanagement für kreative Chaoten. Frankfurt a. M.: Campus 2008

Pöppel, Ernst und Till Rönneberg: Zeitliche Kognition. Interdisziplinäres Kolleg in Günne am Möhnesee (17.-14. März 1998), Kursunterlagen, 202-218

Pöppel, Ernst: Curriculum Vitae. https://www.imp.med.uni-muenchen.de/members/professoren/poeppel/curriculum_vitae

Safranski, Rüdiger: Zeit. Was sie mit uns macht und was wir aus ihr machen. München: Hanser 2015

Seiwert, Lothar: Simplify your time. Einfach Zeit haben. Frankfurt a. M.: Campus 2010

Seneca, Lucius Annaeus: Vom glücklichen Leben. Vier Schriften. Aus dem Lateinischen von Otto Apelt. Köln: Anaconda 2016

Spitzer, Manfred: Digitale Demenz. Wie wir uns und unsere Kinder um den Verstand bringen. München: Droemer
2012

Vaas, Rüdiger: Zeit und Gehirn. Lexikon der Neurowissen-
schaft. Heidelberg: Spektrum Akademischer Verlag 2000

Veissière, Samuel P. L. und Moriah Stendel: Hypernatural
monitoring: A social rehearsal account of smartphone
addiction. Frontiers in Psychology (2018) 9:141

Weiss, Halko, Michael E. Harrer, Thomas Dietz: Das Acht-
samkeits-Buch (7. Aufl.), Stuttgart: Klett-Cotta 2015

Winkler, Isabell und Peter Sedlmeier: Ist das wirklich
schon wieder zehn Jahre her? Die Veränderung der Zeitwahrnehmung über die Lebensspanne. In-Mind 2/2011
https://de.in-mind.org/issue/2-2011

Wittmann, Marc: Wie unser Gefühl für die Zeit entsteht.
Spektrum der Wissenschaft, Oktober 2014 (Zitat: S. 28)

Zitat des Tages: Papst Franziskus zum diözesanen Welt-
jugendtag am 25. März 2018. Neue Westfälische, 23.
Februar 2018

Andere Bücher von Ipke Wachsmuth

Menschen, Tiere und Max
Natürliche Kommunikation und künstliche Intelligenz

© Springer Spektrum 2013

Das erste populärwissenschaftliche Buch des Autors beleuchtet die Komplexität hinter den so alltäglich erscheinenden kommunikativen Fähigkeiten von Menschen und Tieren. Es führt auch in die Welt von Robotern und anderen künstlichen Wesen ein. Können wir eines Tages mit einer Maschine – ausgestattet mit künstlicher Intelligenz – kommunizieren wie mit einem Menschen? Max ist ein „lebendes" Beispiel dafür, wie die Schnittstelle zwischen Mensch und Computer in Zukunft aussehen könnte.

„Ein brillanter Führer durch den Themendschungel – und unerlässlich für jeden, der sich über den Stand der Forschung informieren will."   – Gert Scobel, 3sat

Erhältlich im Buchhandel oder direkt beim Verlag:
https://www.springer.com/de/book/9783827430137

Die Absurdität des Spargedankens
Wie man locker bleibt und trotzdem spart

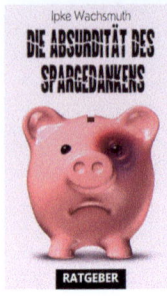

© Ratgeberliteratur Verlag 2017

Sparen ist eine gute Sache, doch oft übertreiben wir es damit. Wie der Spargedanke manchmal zu geradezu absurden Situationen führt und was man dagegen tun kann, schildert dieses Buch. Unterlegt mit vielen Geschichten aus dem persönlichen Erleben des Autors hilft es zu lernen, wo Sparen wirklich etwas bringt, und entlarvt, wo es nichts bringt – wo gut gemeintes Sparen am Ende zusätzliches Geld, zusätzliche Zeit oder gar unser Wohlbefinden kostet.

„Amüsant, hält dem Leser den Spiegel vor und rückt so manche Fehlannahme zurecht ... das Ganze angereichert mit Anekdoten, die verdeutlichen, schmunzeln lassen und den Leser dazu bringen, sich an die eigene Nase zu fassen."

– Westfalen-Blatt

Zu beziehen über Amazon:
https://www.amazon.de/dp/1946332089